7stappen naar effectieve communicatie
Copyright © 2019
Kass Thomas
ISBN: 978-1-63493-290-5
Alle rechten voorbehouden.

Uitgegeven door Kass Thomas WWW.KASSTHOMAS.COM
Oorspronkelijke versie november 2015
Herziene versie april 2019

VOORWOORD

Ik ben geboren en opgegroeid in de Verenigde Staten, in het historische stadje Roxbury, Massachusetts. Op ongeveer 10 minuten van het centrum van Boston af, was Roxbury een smeltkroes van rijke kleuren, talen en smaken uit de hele wereld.

Ik woonde daar tot ik op mijn 18e vertrok om te studeren in New York City, wat een nog grotere smeltkroes is. Met uitzondering van een jaar in Parijs en heel veel reizen tussendoor, was New York City 15 jaar lang mijn thuis. Daarna verhuisde ik naar Rome voor de liefde.

In de loop van de jaren heb ik allerlei soorten mensen ontmoet uit alle geledingen van de samenleving, ras, kleur, geloofsovertuiging, religie en politieke overtuiging. Waar iemand ook vandaan komt, welke taal hij of zij ook spreekt of wat de specifieke situatie van de persoon ook is, één ding blijft me overduidelijk:

Er is zoveel meer dat ons verenigt, dan dat ons scheidt. Als we echt onszelf zijn, komt het vermogen om met gemak te communiceren en een echte verbinding met iedereen en alles op de planeet tot stand te brengen vanzelf.

Dit boek maakte me op een nacht letterlijk wakker en zei: "Schrijf me alsjeblieft. Het is tijd om met anderen te delen wat jij weet over communicatie. Laat zien hoe gemakkelijk effectieve communicatie kan zijn als je eenmaal in contact bent met de waarheid van jou."

Dus hier is het, mijn boekje over effectieve communicatie. Het is kort, het is eenvoudig en het is stap voor stap. Er is zelfs een speciale ruimte om te experimenteren met de stappen en ook suggesties over hoe je elke stap in jouw leven kunt gebruiken. Gebruik het gedeelte "mijlpalen" aan het eind van elke stap om je successen vast te leggen. Schrijf ze op en deel ze. Laat anderen zien hoe gemakkelijk het is om verbinding te maken.

Echte verbinding begint bij jou, lieve schat. Veel plezier met het onthullen van de effectieve communicatiegoeroe die je echt bent.

Met liefde

Kass

Dit boek was in de week van de vergeldingsbomaanslagen in Parijs, Frankrijk ingepland om geprint te worden.

Deze daden van geweld én de daden van geweld die eraan voorafgingen, zijn wake-up calls voor ons allemaal.

Oorlog is niet het antwoord; geweld is niet het antwoord. Wij zijn het antwoord, en hier is de vraag:

Welke kleine daad van vriendelijkheid kan eenieder van ons elke dag doen, die een cultuur van vrede zullen bevorderen?

Wees aardig voor jou, je lichaam en de dingen en mensen om je heen. Jouw kleine daden van vriendelijkheid zullen zich elke dag verspreiden als een rimpeling in het water. Je kunt en zal bijdragen aan een trilling van vrede en je zult hier op aarde een andere mogelijkheid creëren.

Alvast bedankt daarvoor.

Kass Thomas
Parijs, Frankrijk
November 2015

Er is zoveel meer dat ons verenigt
dan dat ons scheidt.

Inhoudsopgave

FASE I
VERBINDEN

over verbinden...

Vaak ontmoet ik mensen die op zoek zijn naar informatie over hoe ze gemakkelijker met anderen om kunnen gaan, hoe ze betere partners kunnen zijn of werkgevers, of hoe ze gelukkiger kunnen zijn. Zijzelf zijn echter vreemd afwezig in hun eigen leven.

Ze ontbreken volledig, zijn er niet bij betrokken of mee verbonden.

Natuurlijk kan iedereen tijdelijk worden afgeleid of voor een moment in nevelen zijn gehuld tijdens het dagdromen of iets dergelijks. Maar de meeste mensen brengen 900% van hun tijd (echt waar, 900!) ergens anders door dan in het huidige moment, en ze zijn zeker niet verbonden met zichzelf of met hun lichaam.

Daarom is het eerste dat ik iedereen zou aanbevelen, nog voordat je probeert contact te maken met iemand anders, er zeker van te zijn dat je verbonden bent met jou.

Deze eerste twee stappen zullen je helpen om contact te maken met jou!

Stap 1

Laat me de magie zien!

Stap 1: Laat me de magie zien!

Ik heb dit aanwezig zijn-ding jarenlang nagejaagd in een poging het te snappen, er grip op te krijgen, het te ervaren, het te definiëren, me ervan te vergewissen of ik het echt deed of niet.

Tijdens een zomer besloot ik uiteindelijk om de situatie in eigen hand te nemen. Ik nam een maand vrij, nam een kleine kamer bij het strand en een afgetrapte fiets, en besloot dat ik ging leren hoe ik simpelweg AANWEZIG KON ZIJN.

Elke ochtend bij zonsopgang reed ik op mijn gammele, aftandse fiets door de straten van Oak Bluffs naar het strand van de Inkwell, waar ik De IJsberen zou ontmoeten, een groep senioren die daar elke ochtend zwom. Ik zwom in de vroege ochtend met ze in de oceaan, in verbondenheid met de vissen bij zonsopgang. Het was prachtig.

Elke morgen als de IJsberen waren vertrokken, richtte ik me op de taak van AANWEZIG ZIJN. Deze "aanwezig zijn" oefeningen begonnen met het lezen van verschillende boeken om de juiste mantra voor de dag van de week te vinden, de juiste manier om de kristallen voor die maanstand te rangschikken, en de beste richting om effectief te mediteren op die breedtegraad.

Ik heb deze routine wekenlang gevolgd en toen ik uiteindelijk thuiskwam in New York en terugkeek op mijn reis, besefte ik dat ik echt aanwezig was met mij en in verbinding was met alle dingen, op de momenten dat ik iedere ochtend naar de ocean fietste, zingend met de vogels, zwemmend met de vissen, en lachend met De IJsberen.

De hele zomer heb ik besteed aan het zoeken

naar mezelf en ik was daar de hele tijd al. Al die tijd was ik op zoek naar de magie, en al die tijd was het al bij me!

Wat is het dat jij doet, waardoor je in contact komt met JOU?

HUISWERK voor Stap 1
Vind de magie

Eenmaal per dag, voor de komende week: neem tijdens een routine-activiteit even de tijd om je af te vragen:

Welke magie kan ik in dit moment vinden?

Dat zou kunnen zijn als je afwast, als je je tandenpoetst, als je je aankleedt of het gras maait.

Vraag:

"Ben ik nu mij aan het zijn?"

"Is er enig doen vereist?" (Is er op dit moment iets vereist van mij?)

MIJLPALEN voor Stap 1
Laat me de magie zien!

Ik heb magie gevonden in de volgende alledaagse activiteiten…

VOORBEELD:

a. Terwijl ik de natte kleren ophing, zag ik dat de zon een regenboog in een plas had getoverd.

b. Vandaag liep ik in het ritme van de regendruppels, als een dans.

Vandaag vond ik magie terwijl ik…

Dag 1: Vandaag terwijl...
Dag 2:
Dag 3:
Dag 4:
Dag 5:
Dag 6:
Dag 7:

Stap 2

Praat met je lichaam

Stap 2: Praat met je lichaam

Jouw lichaam spreekt, luister je?

Jouw lichaam heeft veel verschillende manieren om met je te communiceren. Welke taal spreekt jouw lichaam?

Jouw lichaam is je vriend en als je bereid bent te *luisteren*, zal het je veel informatie geven en je helpen met jouw effectieve communicatie. Jouw lichaam is je vriend en als je bereid bent te *luisteren*, zal het je veel informatie geven en je helpen met jouw effectieve communicatie.

Je kunt uren spenderen aan het overwegen wat het juiste ding is om te zeggen en wat je daarna moet doen, *of* je kunt het *gewoon* aan je lichaam vragen en het antwoord *snel* en *gemakkelijk* krijgen. Klinkt goed? Ja, ik weet het.

Als je het eenmaal in de vingers hebt om naar je lichaam te luisteren, zul je meer mogelijkheden creëren, je geldstromen vergroten, meer plezier hebben rondom andere mensen en zelfs onnodige ziekte vermijden. Win-win.

Ik begon deze dialoog met mijn lichaam jaren geleden. Dit is hoe: ik stelde 3 vragen die "ja" of "nee" antwoorden hadden. Ze waren waar of niet waar. Ik hield bijvoorbeeld een beker in mijn hand en vroeg: "Is dit een lepel?", "Is dit een mes?", "Is dit een beker?", en luisterde dan elke keer.

Ik *luisterde* energetisch om te merken of er enige beweging was, enige verandering, wat dan ook om een verschil aan te geven tussen wat waar was en wat niet waar was.
Wat me opviel was dat de waarheid me lichter deed voelen, en wat niet waar was

maakte dat ik me zwaarder voelde.

Probeer het maar. Het kan je leven voor altijd veranderen en het veel te gemakkelijk maken!

De waarneming die je krijgt bij een waarheid, of bij een leugen, is voor iedereen anders.

Soms krijg je misschien geen duidelijke "ja" of "nee", vooral als je vragen stelt waarbij iemand anders betrokken is, of bij grote beslissingen die belangrijk voor je zijn.

Dat betekent meestal dat je wat informatie mist, of dat je een andere vraag moet stellen.

HUISWERK voor Stap 2
Luister naar je lichaam

Neem deze week elke dag 5 minuten om te spelen met:
Is het licht of is het zwaar?

Hoe werkt het?

Bedenk 3 stellingen. Eén waar, de andere twee niet waar. *Luister dan! Waar voel je de waarheid in jouw lichaam?*

Stap 1. Ontspan;

Stap 2. Houd een potlood in je hand;

Stap 3. Zeg: "Ik heb een potlood in mijn hand";

Stap 4. Luister (kijk of je een "ja" voelt, dat wil zeggen elke lichtheid of expansie);

Stap 5. Zeg dan: "Ik heb een kopje thee in mijn hand";

Stap 6. Luister (iets van een "nee"? Voelt het zwaar?);

Stap 7. Zeg dan: "Ik heb een lamp in mijn hand";

Stap 8. "Luister".

MIJLPALEN voor Stap 2
Praat met jouw lichaam

Oefen dit! Houd bij wat er voor je opkomt als je de waarheid spreekt én als je niet de waarheid spreekt. Waar voel je het in je lichaam?

Met de waarheid voel ik ...

Voorbeeld: licht in mijn hoofd, opening van mijn borstkas ...

Met een leugen voel ik...

FASE II
LOSKOPPELEN

Het is belangrijk om een makkelijke en snelle manier te hebben om **los te komen** van een defensieve houding, die ons gescheiden houdt van alles en iedereen, inclusief onszelf!

De leugens, bedenksels en valse positieven die de geest ons dagelijks voorschotelt leiden ons af, wat het moeilijk maakt om ons te herinneren wie we werkelijk zijn, en wat er echt en waar is voor ons.

We komen nieuwe mensen of nieuwe situaties tegen en we hebben de neiging om ze op afstand te houden. We bouwen muren op, verstoppen ons achter maskers en bedekken ons ware zelf met een sluier, om een comfortabele afstand te kunnen bewaren.

Deze afstand zorgt voor een gebrek aan verbinding met anderen, wat uiteindelijk leidt tot verveling, een gevoel van diep verdriet, moedeloosheid of depressie.

Deze volgende twee stappen helpen je snel en gemakkelijk de *verbinding te verbreken* met wie je *niet* bent. Ze kunnen stress verlichten, angst verminderen en de spanningen, die je voortdurend in je lichaam meedraagt, uitnodigen om te verdwijnen.

De oefeningen in de huiswerksectie helpen je ook om je geest tot rust te brengen.

Kortom, deze stappen zijn heel gaaf.

Klaar? Oké, daar gaan we dan....

Stap 3

Barrières naar beneden

Stap 3: Barrières naar beneden

Oefening om de barrières naar beneden te duwen.

Begin met je handen boven je hoofd, met de handpalmen naar beneden gericht, en begin langzaam je handpalmen naar de grond te duwen. Langzaam.

L-A-N-G-Z-A-M-E-R!!!

Kun je de bovenkant van de barrières waarnemen? Zo niet is dat ook goed, dan werkt het nog steeds. Als je je handpalmen langzaam naar beneden duwt in de richting van de vloer, komen de barrières ook naar beneden, het is net magie.

Maar als je wilt spelen met het *waarnemen* van hoe deze barrières aanvoelen en waar ze precies zijn, merk dan gewoon op op welke hoogte je handen weerstand krijgen of aarzelen als je ze langzaam naar de grond toe beweegt. Het is subtiel, maar het is bijna alsof je kunt *voelen* waar de barrières beginnen en eindigen. Stuiter je handen een beetje zachtjes op en neer, alsof je met een sponsbal speelt, maar in plaats daarvan speel je met de bovenkant van deze barrières.

Als je *luistert*, kun je, met elke centimeter die je verder komt als je handen langzaam naar de vloer afdalen, ook waarnemen dat de spanningen verminderen in dat *deel* van je lichaam waar je handen langskomen.

Laten we het nog een keer van bovenaf proberen. Zodra je handen deze keer langs je voorhoofd naar beneden bewegen, voel je je gefronste wenkbrauwen ontspannen, en neem je waar dat de lijnen richting je slapen verdwijnen als ze je voorhoofd verlaten. Als de spanning niet automatisch weggaat als je handen langs dat deel van je lichaam komen, nodig dan de spanning uit om te verdwijnen, door hardop of in gedachten te herhalen: "barrières naar beneden, barrières naar beneden, barrières naar beneden". Onthoud dat dit een uitnodiging is en *geen* bevel of opdracht. Met vriendelijke stem. Een vriendelijk gesprek. Zachte loskoppeling. Je kunt ze zelfs vragen: "alsjeblieft".

Soms stop ik ergens midden in de lucht omdat ik weet dat ik een plaats heb bereikt waar de spanning, de barrières, die muren niet bewegen. Ik haal diep adem, glimlach, praat liefkozend tegen de barrières, en nodig ze uit om nog een beetje meer naar beneden te gaan, buiten hun comfortzone.

Ik doe deze oefening en vijf minuten later probeer ik het meestal nog een keer. De tweede keer merk ik dat de barrières nog verder naar beneden zijn gekomen, helemaal uit zichzelf.

Probeer het uit! Werk samen met de barrières, onderhandel. Het is één van de meest lonende oefeningen die je kunt doen voor je hoofd, je hart, je lichaam en oja, je leven.

HUISWERK voor Stap 3
Duw de barrières naar beneden

Eenmaal per dag gedurende de komende week kies je om je barrières naar beneden te duwen.

Het kan in een situatie met iemand zijn die je kent en die je op de zenuwen werkt, of met een totaal onbekende. Meestal werkt het goed met ouders, kinderen, collega's en ex-echtgenoten.

Bonus: Gebruik het in het openbaar, waar je normaal gesproken in reactie of verdediging zou gaan (verkeer, onbeschofte verkopers). In plaats van te reageren, duw je je barrières naar beneden. Probeer het maar!

Dingen om te onthouden:

1. Blijf ademen.

2. Forceer niet, nodig uit.

3. Voel de spanning wegzakken uit je lichaam.

4. Probeer het 5 minuten later nog eens en zie wat er verandert.

MIJLPALEN voor Stap 3
Barrières naar beneden

Vandaag heb ik mijn barrières verlaagd in de volgende situaties:

1.
2.
3.

Toen ik mijn barrières verlaagde, merkte ik...

Voorbeeld: (een verschil in mijn lichaam, hun lichaam; dat ze voor de eerste keer naar me glimlachten, of ik zag, hoorde, voelde... Ik was eindelijk in staat om een gesprek met hen te voeren zonder...)

1.
2.
3.

Stap 4

Ga voorbij de sluier

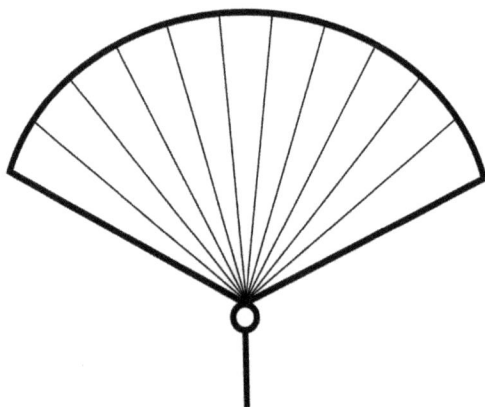

Stap 4: Ga voorbij de sluier

Er is zo'n onzichtbare sluier die velen van ons gebruiken om afstand tot anderen te bewaren. De mensen zien niet ons, het is deze sluier waar we ons achter verschuilen, alsof afscheiding echt mogelijk zou zijn. Dat is het niet. Om een realiteit te construeren waarin we geloven dat afscheiding mogelijk is, moeten we in ons lichaam en in onze geest veel samentrekken. Het is uitputtend en helpt zeker niet bij ons streven naar *effectieve* communicatie. In feite leidt het tot *gebrekkige* communicatie, eenzaamheid, ongemak en vaak tot depressie.

De enige plek waar sluiers erin slagen om een scheiding te creëren is in onze gedachten, waar ze een afstand creëren tussen wie we werkelijk zijn en de maskers die we dragen, de sluiers waar we ons achter verbergen.

Zo werkt het: deze gemaskerde versies van ons worden langzaamaan wie we denken te zijn. Dan, op een mooie dag, beginnen we te vermoeden dat er iets ontbreekt, en dan ontdekken we dat *wij* het iets zijn dat ontbreekt. We wagen een stiekem kijkje te nemen vanuit onze ooghoeken om te zien of we een glimp van ons kunnen opvangen, maar we hebben geen idee waar we daarna verder kunnen kijken dan dat, hoe we ons kunnen vinden, want de enige *ons* die we kennen is goed verborgen, achter het masker, achter de sluier.

Veel culturen en klassen houden de sluier in stand om een houding of een positie te handhaven: de goede vrouw, de perfecte echtgenoot, de betrouwbare bron. Deze labels maken vaak dat we een leven leiden dat niets te maken heeft met wie we werkelijk zijn of wat echt belangrijk voor ons is.

Als je in staat bent om je los te maken van de sluier en achter het masker vandaan te komen en de echte jij vindt, heb je meer keuze. Alleen dan kun je weer in verbinding komen met jouw ware aard en heb je meer verbinding met jou en alles en iedereen.

Dag wandelende dode. Je hoeft niet langer te wachten tot ze je komen halen.

Je begint actief je leven te leiden en keuzes te maken die meer creëren voor jou en iedereen om je heen. Levend te zijn in je eigen leven voelt geweldig. Je voelt je geweldig en je nodigt anderen uit om ook in hun leven te *leven*.

Jippie! Laat het plezier maar komen!

HUISWERK voor Stap 4
Achter de sluier vandaan komen

Neem twee keer per dag een moment om simpelweg tot 10 te tellen. Doe dit zodra je wakker wordt en net voor je gaat slapen.

Dit is hoe het werkt:

1. Sluit je ogen.

2. Leg je ene hand op je hart en je andere op je maag of zonnevlecht (neem de hand die er als vanzelf heen gaat).

3. Ga zitten en voel je voeten op de vloer (als je moet staan is dat ook oké).

4. Tel tot tien, nummer voor nummer.

5. Vergeet niet om adem te halen.

We zijn goed in het druk bezig zijn, doen, denken en berekenen. Stop even en *voel* je *eigen* trilling. Hoe voelt je hartslag aan?

n.b. Geen tijdlijn voor deze. Jij mag kiezen.

MIJLPALEN voor Stap 4
Ga voorbij de sluier

Vandaag na het tot 10 tellen was ik in staat om...

Voorbeeld: (andere noten in de muziek te horen, de wind op mijn wang te voelen, de koffie te ruiken voor het werd gezet...)

1.
2.
3.

Vandaag ging ik voorbij de sluier toen ik...

1.
2.
3.

Ik voelde me...

Voorbeeld: (kwetsbaar, krachtig, onbenullig...)

1.
2.
3.

FASE III
OPNIEUW VERBINDEN

Zodra we inzien wie we zijn door ons te verbinden met wat waar is voor ons, en we erkennen wie we zijn, en niet door ons los te koppelen van wat niet waar is voor ons, kunnen we op een heel nieuwe manier beginnen meer plezier te hebben en te genieten van alles en iedereen om ons heen. Onze bereidheid om op zoek te gaan naar een andere realiteit, voorbij de gecontroleerde omgeving van de geest, is besmettelijk en groeit dagelijks. Het **opnieuw verbinden** met ons natuurlijke vermogen om in verbinding te zijn met de dieren, planten, feeën en mensen die deze prachtige planeet bewonen, wordt gemakkelijk.

In de volgende twee stappen zal je je vermogen om te communiceren met de moleculen aanspreken, en zul je ook leren hoe je je zone snel kunt uitbreiden. Naarmate je je zone uitbreidt en je toegang krijgt tot meer ruimte, ervaar je een heel ander communicatieniveau.

Je kunt deze stappen ook gebruiken om beter in contact te komen met jouw onzichtbare en pluizige vrienden. Geniet van het zijn en ontvangen van bijdragen, overal en op alle mogelijke manieren.

Stap 5

Betrek het universum erbij

Stap 5: Betrek het universum erbij

Gewoonlijk als je problemen hebt in de communicatie met iemand, is dat omdat zij de energiestroom op een of andere manier blokkeren, of gewoonweg niet aanwezig zijn.

Zo kun je de energie laten stromen en hen uitnodigen om aanwezig te zijn met jou. Deze tool van Access Consciousness is echt leuk en werkt geweldig in elk gebied van je leven: werk, seks, relaties, zaken, enz.

Dit is hoe het werkt.

Als je de **Energiezuigers tegenkomt – van die mensen die altijd de energie uit je zuigen** - kun je in plaats van weerstand bieden of te bezwijken en je te laten uitputten of het leven uit je te laten zuigen, gewoon energie naar hen laten toestromen. Ja echt, verzet je niet, volg de energie. Draag bij aan hun inspanningen. Ga met de stroom mee. Laat hen hun gang maar gaan!

Betekent dat dat je ze als bloedzuigers laat zuigen tot je helemaal uitgedroogd bent? Echt niet! Wat ik voorstel is dat je niet alleen stopt je te verzetten, maar dat je ze ook helpt door energie naar ze toe te laten stromen. Wat zeg je?!!?!??? Precies.

Hoe werkt dat?

Als je energie naar hen toestroomt, stroomt er niet alleen energie vanuit *jou* en *jouw* lichaam, o nee. Je trekt die energie van *achter* je vandaan, waardoor het universum aan jou kan bijdragen en jou kracht kan geven. Neem nu die heerlijke energie die vanuit het universum door je heen stroomt en laat het naar *hen* toestromen, dan *door* hen heen, en tenslotte terug naar het universum. Het universum steunt jou en hen ook!

Zonder weerstand van jouw kant kunnen zij de intensiteit van het zuigen loslaten. Als ze dat doen voel je dat in jouw lichaam, dat zich niet langer uitgeput voelt. Zodra ze het energiezuigen laten vieren, begin jij hun energie de andere kant op te trekken, achter *hen* vandaan, door *hen* heen en naar jou toe. Na een tijdje kun je de stroom in beide richtingen tegelijkertijd openen. Zo ontstaat gelijktijdig een stromende en een trekkende energie.

Zij voelen zich beter en ze zijn meer aanwezig. Jij voelt je beter en het universum mag ook meespelen. Hierdoor kan de communicatie tussen jullie vlotter verlopen. Win-win.

Als je in plaats daarvan **iemand** tegenkomt **die de barrières omhoog heeft**, begin dan eerst met het aantrekken van energie van achter hen (betrek het universum erbij!), door hen heen, naar jou toe en door jou heen. Ook nu zullen ze zich ontspannen en wanneer ze dat doen, trek je energie van achter jou vandaan, door jou heen, naar hen toe en door hen heen.

Dit is gemakkelijk. Trek de energie gewoon zo *hard* als je kunt, zoals je doet als je *echt* de aandacht van iemand wilt trekken of als je *wilt* dat iemand naar je kijkt. Trek uit alle macht, met elke porie van je wezen. Trek de energie naar je toe en laat het gelijktijdig de andere kant op stromen, en observeer hoe het universum je steunt.

HUISWERK voor Stap 5
Creëren van energiestromen

Gedurende deze week betrek je het universum minstens één keer per dag bij het creëren van een energiestroom.

Als eerste stel je vast waar de energie bij een persoon of in een situatie vastzit.

Vraag dan:
Wat zou de energie hier in beweging krijgen?

Moet ik energie toe laten stromen? En luister naar je lichaam.

Is het licht? Zo ja betrek dan het universum erbij door energie naar hen toe te laten stromen (trek energie van achter jou vandaan, door jou heen en laat het naar hen toestromen).

Is het zwaar? Als dat zo is, betrek dan het universum erbij door energie van achter hen te trekken, door hen heen, naar jou toe en door jou heen.

MIJLPALEN voor Stap 5
Betrek het universum erbij

Vandaag heb ik het universum erbij betrokken en speelde ik met het creëren van energiestromen toen…

Voorbeeld: (mijn baas naar me schreeuwde en ik de energie van achter haar vandaan naar me toe trok, mijn barrières verlaagde en de energie door me heen liet stromen).

1.
2.
3.

Hoe was dit anders?
Het was anders want normaal gesproken had ik…

Stap 6

Vergroot jouw zone
of
Verbinden met jouw
ONZICHTBARE en PLUIZIGE
VRIENDEN

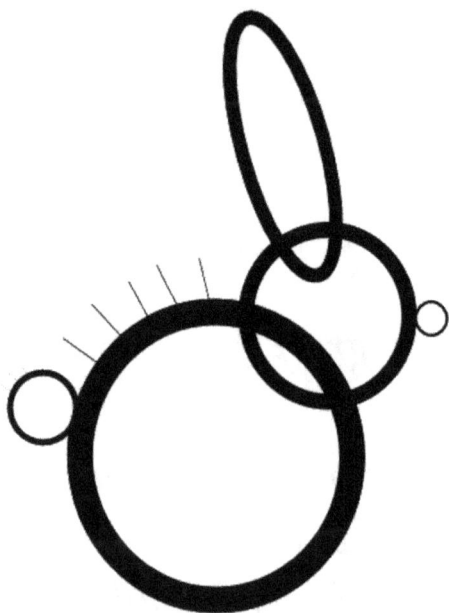

Stap 6: Vergroot jouw zone of Verbinden met jouw ONZICHTBARE en PLUIZIGE VRIENDEN

Het observeren van en omgaan met dieren is misschien wel de gemakkelijkste manier om de magie en de eenvoud van een effectieve communicatie te vatten.

Wij wezens op twee benen hebben de neiging om de communicatie ingewikkeld te maken, onze gevoelens te ontkennen, tekenen te negeren, onze behoeften uit te stellen en dan woorden te gebruiken om verwarring te scheppen en te beperken wat mogelijk is.

Dieren daarentegen zijn heel duidelijk: eerst de veiligheid en dan, als er geen direct gevaar is, jagen, spelen, eten, of copuleren ze... en vervolgens rusten ze.

Gemakkelijk.

In plaats van onze hersens te gebruiken om meer keuzes te creëren, hebben we een samenleving geconstrueerd met veel regels en voorschriften om de basisbehoeften te camoufleren. We weten dus niet eens wanneer het tijd is om te jagen, eten, weg te rennen of je te verbergen. Dit roept allerlei verwarring op en zorgt voor ongerustheid, stress en angst, waardoor het moeilijk en vaak onmogelijk is om met wie dan ook om te gaan, zelfs op een heel basaal niveau.

Wees je hiervan bewust en breid je zone uit, ga voorbij de matrix, de geconstrueerde realiteit, en verlicht de dagelijkse druk die je afgescheiden en in angst gevangenhoudt.

Hoe werkt het?

Breng je aandacht naar een gebied in je lichaam waar je ongemak voelt. Dit gevoel kan zich uiten als samentrekking, pijn of gewoon een als gevoel. Begin ruimte naar het midden van dat gevoel te ademen. Dat klopt. Alsof je er een ballon middenin plaatst en deze langzaam opblaast. Blijf ruimte in de ballon ademen en vergroot langzaam het centrum van dat gebied. Vergroot het tot buiten je lichaam, buiten de kamer waar je bent, buiten het gebouw, en buiten de stad. Blijf doorgaan tot je een gevoel van ruimte opmerkt en het oorspronkelijke gevoel verdwijnt.

Dit is een gemakkelijke en snelle manier om meer ruimte om je heen te creëren en een gevoel van meer rust te hebben in je geest, hart, omgeving én je leven. Je kunt het overal en altijd gebruiken. Je kunt er ook de tijd voor nemen, zodat je lichaam echt tot leven kan komen in het gevoel van ruimte waartoe deze stap uitnodigt.

Onze lichamen zitten vol ruimte. Gebruik deze stap om je zone te vergroten en de ruimte in je lichaam uit te nodigen om zich te verbinden met de ruimte die overal om je heen is.

HUISWERK voor Stap 6
Vergroot de muren van jouw zone

Een keer per dag, gedurende de komende week neem je een moment om de muren van jouw zone te vergroten.

Dit is hoe:

Breng je aandacht naar je zonnevlechtgebied (onder je borstkas en boven je maag).

Houd je handen voor je, je handpalmen naar elkaar toe gericht, ter hoogte van je zonnevlecht.

Stel je voor dat je handen in een goed afgesloten doos zitten.

Beweeg je handen langzaam uit elkaar en stel je voor dat ze de zijkanten van die afgesloten doos met daarin jouw zonnevlecht, naar buiten duwen.

Blijf de ruimte in die doos vergroten - links, rechts, boven, onder, voor je en achter je.

Vergroot het gebied van de doos en terwijl je dat doet, vergroot je de zone van je zonnevlecht, waarbij je langzaam je handpalmen van elkaar af beweegt totdat je armen volledig zijn uitgestrekt en de doos een plat stuk uitgevouwen karton is.

Blijf doorgaan, ga voorbij de muren van de kamer waar je in zit, voorbij de stadsgrenzen, en tot in de hemel en naar beneden de aarde in, en in alle richtingen.

Blijf vooral ademen.

MIJLPALEN voor Stap 6
Vergroot je zone

Je kunt de spanning verminderen in je lichaam, in dat van een dier of in een kamer door deze "vergroot je zone" oefening te gebruiken.

Vandaag heb ik mijn zone vergroot en meer gemak gebracht in...

Voorbeeld: kramp in mijn been, een woordenwisseling met mijn zus, een bange kat, een humeurige bankbediende...)

1.
2.
3.

FASE IV
ECHTE VERBINDING TOT
STAND BRENGEN

over het tot stand brengen van echte verbinding...

Elke molecuul in het universum is voortdurend in communicatie met elke andere molecuul in het universum.

Als we bereid zijn om de **magie** te zien, naar ons **lichaam** te luisteren, onze **barrières** te verlagen, verder te gaan dan de door de geest verzonnen scheiding, het universum erbij te betrekken én onze zone te vergroten om alles en iedereen erbij te betrekken, dan is het gemakkelijk om een **echte verbinding** met elke molecuul in het universum tot **stand te brengen.**

Wij zijn één van de grote schatten van het universum, net als onze prachtige planeet, en net als alles en iedereen erop.

Als je eenmaal de 7 stappen hebt doorlopen, begin je in te zien dat er geen "ander" is en dat de verbondenheid met *alles* en *iedereen* al bestaat. Het is vanuit *die* ruimte dat alle communicatie effectief verloopt.

Deze laatste stap zal je helpen om je weer in contact te brengen met de voortdurende vreugde van het leven en zal je eraan herinneren dat je altijd een *echte verbinding* tot stand kunt brengen door je te verbinden met de aarde.

We hebben toegang tot iets dat verder gaat dan onze fysieke vorm, iets dat ons ondersteunt in alles wat we doen en ons verbindt met alles wat we zijn.

Er is zoveel meer dat ons verenigt dan dat ons scheidt.

Geniet van je leven en vier je echte verbinding met alles wat er is!

Stap 7

Verbind je met de aarde

Stap 7: Verbind je met de aarde

De aarde is een verbazingwekkende en ongelooflijk magische plek. Het biedt verzorging, voeding, onderdak, vermaak, warmte, bezienswaardigheden, mysterie, wonderen en meer. De aarde is een ingenieuze bron van eindeloze verwondering. Wat kunnen we leren van haar gratie?

Er is zoveel zachtaardige potentie voor ons beschikbaar als we bereid zijn om de enorme hulpbronnen die de aarde ons verschaft aan te boren.

Heel veel mensen hebben zoveel standpunten over wat de aarde nodig heeft, wat zij niet nodig heeft en wat de beste manier is om voor de planeet te zorgen.

Ik geloof dat als we voor *onszelf* zorgen, er ook voor de aarde wordt gezorgd.

De bereidheid om de **magie** te zien in de alledaagse uitingen van de aarde is een groot geschenk. De zonsopgang, zonsondergang, ochtendgloren... Ik bedoel maar, heb je ooit iets gezien dat zo simpel en toch zo mooi is? Je hoeft het niet eens te zien, er gewoon over praten, erover lezen en weten dat het eraan komt, is al zo'n weldaad.

Vragen om duidelijkheid over wat goed en licht is voor ons, en luisteren naar ons **lichaam**, is een manier om de Aarde en het universum te erkennen.

Het verlagen van onze barrières stelt ons in staat om aan de aarde te schenken en met meer gemak van de aarde te ontvangen.

Verder gaan dan het oppervlakkige, wandelen in de natuur, verbinding maken met de bomen en hun trilling, dat alles brengt ons in contact met onze eigen trilling en de trilling van de aarde.

Het creëren van een stroom op een plek waar er sprake is van stagnatie en het uitbreiden van de energie wanneer deze is samengetrokken, regenereert en blaast leven in zowel jou als in de planeet.

Vergroot de zone van die dieren, bomen, planten en mensen die gespannen, samengetrokken en angstig op aarde rondlopen. Maak ze ruimer, zodat ook zij de bijdrage kunnen ontvangen en kunnen zijn.

Weet dat de aarde jou nodig heeft en dat jij de aarde nodig hebt en dat je een vitaal onderdeel bent van een duurzame toekomst hier. De bereidheid om je te verbinden met de aarde zal elegantie, vrede en vreugde in je leven uitnodigen en de bloemen zullen alleen voor jou bloeien, als hun manier om dank je wel te zeggen.

Dit is jouw effectieve communicatie.

Jij bent de waterdruppel, en jij bent de oceaan. Wees de bron in je eigen leven en alles zal met gemak aan je schenken en zich met je verbinden.

HUISWERK voor Stap 7
Trek de energie van de aarde door je lichaam

Zet je voeten op de grond, sluit je ogen en breng je aandacht naar het centrum van de aarde, de kern.

Stem af op de intensiteit van de kern van de aarde en stel je twee koorden voor die uit het centrum van de aarde omhoogkomen en door het aardoppervlak breken.

Trek ze je voetzolen in.

Deze twee koorden, die zijn verbonden met het centrum van de aarde, gaan je voeten in, **passeren je enkels en gaan omhoog via je benen** en komen samen in je buikgebied waar ze verder reizen via je hart, omhoog je nek in en verder naar boven en aan de bovenkant van je hoofd naar buiten.

Stel je deze kracht eens voor die begint in het centrum van de aarde en zich verbindt met elk molecuul, met de ruimte tussen de moleculen, en zich verenigt met elke ster in het universum, via jou.

MIJLPALEN voor Stap 7
Verbinden met de aarde

Maak elke dag minstens één keer verbinding met de aarde. Merk elke keer dat je je verbindt op hoeveel gemakkelijker het wordt, hoe snel het je lukt, en hoeveel verschillende manieren er zijn waarop de aarde je laat weten dat jullie verbonden zijn.

Vandaag stopte ik om een gesprek te hebben met…

Voorbeeld: (iemand met wie ik normaal gesproken niet praat, een boom, mijn planten, een kat...)

1.
2.
3.

Vandaag voelde ik de aanwezigheid van de aarde toen ik communiceerde met...

Voorbeeld: (mijn lichaam, mijn hond, mijn moeder ...)

1.
2.
3.

EEN OPMERKING VAN MIJ

Wat komt er hierna?

Deze 7 stappen naar een effectieve communicatie kunnen één voor één of allemaal tegelijk worden gebruikt.

Soms is het één stap, soms is het een combinatie van stappen, en soms verandert alleen het denken aan de stappen de situatie al.

De sleutel is om ze te gebruiken en in te zien hoe gemakkelijk ze op ieder moment verandering kunnen brengen in wat er voor jou speelt. Je kunt ze gebruiken om een situatie om te zetten in iets dat beter voor je werkt en meer mogelijkheden creëert. Als je eenmaal met elk van deze stappen hebt gespeeld, raak je vertrouwd met de trilling die ze creëren en weet je instinctief op welke stap je een beroep kunt doen om de verandering te creëren die je zoekt.

Geniet van deze stappen en heb plezier met het verkennen van het gemak van effectieve communicatie met iedereen en alles om je heen.

Kass

P.S.

Als je van dit boek hebt genoten en meer met deze stappen wilt spelen, één van mijn workshops wilt bijwonen, of een 7-stappen leraar of trainer wilt worden, kun je me vinden op INFO@KASSTHOMAS.COM of mijn websites bekijken:
WWW.KASSTHOMAS.COM
of
WWW.ACCESSCONSCIOUSNESS.COM/KASSTHOMAS

Ik ben online beschikbaar voor privé-sessies, groepstrainingen of gewoon om gedag te zeggen.

Als je meer wilt weten over Access Consciousness, kijk dan op:
WWW.ACCESSCONSCIOUSNESS.COM

Ik reis ook de hele wereld over en geef workshops en seminars, dus misschien komen we elkaar op een dag ergens persoonlijk tegen.

Er is zoveel meer dat ons verbindt, dan dat ons scheidt.

Dus zoek me op en laten we contact maken.

Het is gemakkelijk!

Kass Thomas

"Als je op reis bent en je bent niet tevreden met de richting die het opgaat, is het misschien tijd om van spoor te veranderen."

Kass' leven is niets minder dan een avontuur. Ze is op 12-jarige leeftijd begonnen met haar werk en heeft een gevoel van trots, betrokkenheid en passie voor alles wat ze ooit heeft gedaan: van het managen van Off-Broadway theaterproducties aan het begin van haar carrière in New York; tot het werken in de horeca in 5-sterren hotels (waar ze Conciërge van het Jaar won van Where *Magazine, New York editie*); tot het starten van haar eigen filmproductiebedrijf met een vriend in Italië; tot het organiseren en werken in de Film & Televisie industrie, internationale festivals, verkoop en distributie; tot het eindelijk vinden van haar ware roeping als een empowerment- en life-coach, die mensen over de hele wereld helpt om hun potentieel te optimaliseren en de briljantie te zien van wie ze werkelijk zijn.

Kass is ook een internationale bestseller auteur, trainer en gecertificeerd facilitator van Access Consciousness. Ze geeft privé-sessies, groepstrainingen en workshops over verschillende onderwerpen, waarbij ze gebruik maakt van haar expertise in communicatie en van veel van de pragmatische technieken van Access Consciousness.

Kass blijft ook vandaag de dag nog van spoor veranderen en met elke nieuwe ervaring voegt ze iets toe aan wie ze is en wat ze graag doet.

Kass, geboren in Boston, Massachusetts, komt uit een onconventionele familie. Haar ouders verlieten allebei hun vorige partners om samen te zijn en Kass op te voeden. Haar familiale omgeving omvatte mensen van verschillende etniciteiten en achtergronden, wat haar een multiculturele en wereldse nieuwsgierigheid bezorgde. Ze behaalde een bachelordiploma in journalistiek en massacommunicatie en volgde vervolgens postdoctorale studies in Theater Management, beide aan de Universiteit van New York. Uiteindelijk reisde ze naar diverse locaties, zoals Frankrijk, Spanje en Italië, waar ze deze talen onder de knie kreeg om daar directer met de lokale bevolking te kunnen communiceren. Haar liefde voor reizen, diversiteit en integratie van verschillende culturen heeft nog steeds de overhand.

Naast het zijn van een Certified Access Facilitator, is zij ook één van de weinige Access 3-daagse Body Class Facilitators ter wereld. Haar reis met Access Consciousness begon in 2003. In 2006 behaalde ze haar Certified Facilitator's licentie en in 2007 nodigde ze de oprichter Gary Douglas en co-creator dr. Dain Heer uit om hun eerste Europese cursussen in Italië te houden. Ze was gedurende vele jaren betrokken bij de ontwikkeling van de Access taal- en vertaalprogramma's en hielp deze uit te breiden van 4 naar 176 landen en meer dan 30 talen.

Haar workshops bereiken een verscheidenheid aan mensen en plaatsen, waaronder India, Frankrijk, Italië, Zwitserland, Verenigd Koninkrijk, Nederland, Duitsland, Oostenrijk, Slovenië, Hongarije, Polen, Tsjechië, Rusland, Kroatië, Indonesië, China, Japan, Marokko, Israël, Nieuw-Zeeland, Australië, Turkije, de Verenigde Staten, Brazilië, Zuid-Afrika,

Canada, de Verenigde Arabische Emiraten, Bahrein, Spanje en Estland.

Tijdens haar reis heeft ze meer dan 1.000 workshops bijgewoond en gefaciliteerd en meer dan 10.000 mensen geholpen, waaronder Ray Charles, Madonna, Denzel Washington, Whoopi Goldberg, Michelle Pfeiffer, Miles Davis, Morgan Freeman en anderen.

Als resultaat van haar vele avonturen schreef ze het bestsellerboek "*7steps to Flawless Communication*", dat beschikbaar is in meer dan 15 talen, waaronder Tsjechisch, Chinees, Japans, Pools, Turks en vele andere talen. Haar tweede boek "Dancing with Riches", dat in het voorjaar van 2019 voor het eerst in het Frans verscheen, zal ook in meerdere talen volgen.

Als ze niet de wereld rondreist en cursussen en workshops faciliteert, is Kass thuis in Italië met haar man Marco, en genieten ze van een aantal van hun vele gemeenschappelijke interesses, waaronder tennis, dans, jazz, zang (en ze kent alle woorden van elk liedje!), en lekker eten. Je kunt zelfs vaak foto's vinden op Instagram van de geweldige internationale diners bij haar thuis, bereid door haar man voor vrienden en familie. Hun boutique Bed & Breakfast, Villino Corbelli, gesitueerd in hun villa uit 1920 in Rome, ontvangt al bijna 20 jaar toprecensies.

"Het vervult me met vreugde om te zien hoe snel en gemakkelijk iemand kan beginnen het het creëren van meer in zijn of haar leven, met zijn of haar lichaam en zijn of haar financiële situatie, gewoon door ervoor te kiezen om dat te doen."

Enkele van haar veelgebruikte inspirerende vragen zijn onder andere:
Wat is het dat je vervult met blijdschap?

Wat is jouw unieke, magische merk?

Welke gaven en talenten heb je, die je zo gemakkelijk afgaan, dat je ze niet eens waardevol vindt?

Wat kan ik vandaag aan mijn leven toevoegen dat direct meer vreugde en geld zou creëren?

Voor meer informatie over waar Kass is en wat ze vandaag doet, kijk je hieronder.

Kass Thomas Website:
www.kassthomas.com

Access Consciousness Website:
www.accessconsciousness.com/kassthomas

7steps Website:
www.7steps.us

Facebook - The Art of Being Kass:
www.facebook.com/BeingKass
www.instagram.com/theartofbeingkass

LinkedIn:
www.linkedin.com/in/kass-thomas-700698

Blog:
beingkass.blogspot.com

YouTube:
www.youtube.com/channel/UCW8Cx33MI08eYnnw25b

www.ingramcontent.com/pod-product-compliance
Lightning Source LLC
Chambersburg PA
CBHW051845040426
42447CB00006B/705